GESTÃO ESCOLAR de Bolso

A arte de falar, fazer e acontecer.

Francisca Paris e Claudio Paris

2019

© Editora do Brasil S.A., 2019
Todos os direitos reservados
Texto © Francisca Paris e Claudio Paris

Presidente: Aurea Regina Costa
Diretor Geral: Vicente Tortamano Avanso
Diretor Comercial: Bernardo Musumeci
Diretor Editorial: Felipe Poletti
Gerente de Marketing
e Inteligência de Mercado: Helena Poças Leitão
Gerente de PCP
e Logística: Nemezio Genova Filho
Supervisor de CPE: Marta Dias Portero
Coordenador de Marketing: Léo Harrison
Analista de Marketing: Rodrigo Grola

Realização

Direção Editorial: Helena Poças Leitão
Texto: Francisca Paris e Claudio Paris
Revisão: Balão Editorial
Direção de Arte: Rodrigo Grola
Projeto Gráfico e Diagramação: Rodrigo Grola
Coordenação
e Supervisão de revisão: Leo Harrison
Produção: Léo Harrison

```
Dados Internacionais de Catalogação na Publicação (CIP)
       (Câmara Brasileira do Livro, SP, Brasil)

   Paris, Francisca
     Gestão escolar de bolso : a arte de falar, fazer
   e acontecer / Francisca Paris, Claudio Paris. --
   São Paulo : Editora do Brasil, 2019. -- (Arco 43)

     Bibliografia.
     ISBN 978-85-10-07741-5

     1. Gestão escolar 2. Pedagogia 3. Planejamento
   educacional 4. Prática de ensino 5. Professores -
   Formação profissional I. Paris, Claudio. II. Título.
   III. Série.

19-27956                                      CDD-371.2
```

Índices para catálogo sistemático:

1. Gestão escolar : Planejamento e estratégia :
      Educação   371.2

Iolanda Rodrigues Biode - Bibliotecária - CRB-8/10014

1ª edição / 4ª impressão, 2024
Impressão: Gráfica Santa Marta

CENU – Avenida das Nações Unidas, 12901 – Torre Oeste, 20º andar
Brooklin Paulista, São Paulo – SP – CEP 04578-910
Fone: +55 11 3226 -0211
www.editoradobrasil.com.br

GESTÃO ESCOLAR de Bolso

A arte de falar, fazer e acontecer.

Francisca Paris e Claudio Paris

Francisca Paris

Educadora formada em Pedagogia, especialista em Psicologia e mestre em Educação. Atuou como professora em todos os níveis da educação escolar: da Educação Infantil ao Ensino Superior. Foi orientadora educacional e coordenadora pedagógica de várias escolas. Na área da Educação Pública, foi diretora de departamento e presidente do Conselho Municipal de Educação e Secretária de Educação de Ribeirão Preto.

Claudio Paris

Professor de Biologia, coordenador do Programa Futuro Médico, fundador do Liceu Albert Sabin de Ribeirão Preto, mantenedor do Colégio Pessoa de Franca, especialista em Educação pela Faculdade de Medicina de Ribeirão Preto (FMRP) da Universidade de São Paulo (USP) e associado ao *BioBuilder Educational Foundation* dos Estados Unidos (biobuilder.org).

Sumário

Apresentação 9

Gestão Administrativa 13

Gestão por Processos e Resultados Escolares 25

Gestão Financeira 37

Gestão Pedagógica 47

Gestão de Pessoas 57

Gestão da Comunicação e Fortalecimento Institucional 67

Gestão da Cultura Organizacional e Clima Escolar..77

Conclusão 87

Bibliografia 89

Apresentação

Este livro, como sugere seu título *Gestão escolar de bolso: a arte de falar, fazer e acontecer,* reúne um conjunto de dicas fundamentais para quem exerce tal profissão. Trata-se de uma proposta simples, não por ser rasa ou ingênua, mas por abordar a atividade dos gestores na concretude do cotidiano.

A arte do falar se relaciona com as concepções, as narrativas e os fundamentos teóricos, enquanto a arte do fazer se aplica às práticas mais eficazes da gestão escolar. A arte de fazer acontecer diz respeito aos bons resultados decorrentes do falar e do fazer.

O gestor escolar só faz acontecer por meio de seus falares e fazeres. Por esse motivo, apresentamos neste livro o que nos parece essencial no "falar e fazer" dos gestores para que possam "fazer acontecer" uma escola de qualidade.

Tendo-se em vista a correlação direta entre qualidade da escola e a forma de gestão, ao dialogarmos sobre as concepções, práticas e realizações do gestor escolar, esperamos oferecer reflexões que fomentem ações para alavancar as mudanças indispensáveis ao cenário educacional.

Neste livro, os fazeres necessários do gestor estão tematizados em sete esferas da atuação gestora: i) administrativa, ii) processos e resultados,

iii) financeira, iv) pedagógica, v) pessoas, vi) comunicação e fortalecimento institucional e vii) cultura e clima escolar.

Cada capítulo do livro tratará de uma esfera de atuação do gestor. As três primeiras devem ser compreendidas na **perspectiva organizacional** da escola e as quatro últimas referem-se à **perspectiva de implementação** da escola no cotidiano de sua existência (LÜCK, 2009). Cada uma das esferas da gestão se desmembra em sete dicas basilares que necessitam ser efetivadas.

 Entretanto, é importante ressaltar que a divisão das esferas de atuação da gestão escolar é simplesmente didática, uma vez que sem a conexão de todos os componentes que interferem na realização das atividades escolares, o trabalho do gestor se manifestará como ativismo desarticulado, pulverizado e sem resultados.

Intencionalmente, escolhemos o número "7" como referencial para demarcação das esferas de gestão e de suas dicas considerando a sua importância simbólica: são sete as notas musicais, o arco-íris tem sete cores, são sete virtudes teologais e sete pecados capitais, a lua leva sete dias em cada fase do ciclo lunar.

Especulações à parte, o sete representa simbolicamente a completude, a perfeição, a intuição, a vontade e a renovação em cada conclusão cíclica. Justamente por representar tudo isso, é um número que traduz o que pensamos sobre o falar e o fazer de um gestor escolar: um profissional cujo falar inspirador e fazer mobilizador faz acontecer e revigora, de ciclo em ciclo, o coletivo da escola.

Apresentação

Esperamos que algumas dessas dicas possam sugerir a realização de novas práticas e contribuir para o aperfeiçoamento dos trabalhos do gestor escolar.

Quem é o gestor educacional?

Antes de adentramos nos fazeres do gestor educacional, faz-se necessário identificar esse profissional.

O gestor escolar é o profissional responsável, juntamente com uma equipe gestora, pela organização e funcionamento da escola. Além das atividades de organização e gerenciamento, exerce liderança para mobilizar, apresenta a função de implementar e acompanhar os trabalhos da instituição como um todo.

A Gestão Escolar envolve vários setores. Entre eles, podemos citar sete esferas principais: gestão administrativa, gestão de processos e resultados, gestão financeira, gestão pedagógica, gestão de pessoas, gestão da comunicação e fortalecimento institucional e gestão da cultura e clima escolar. Elas precisam estar correlacionadas harmoniosamente para o bom funcionamento da instituição. Logo, o gestor precisa integralizar as diferentes esferas da gestão em prol da excelência.

É fundamental que o gestor conceba a escola como instituição aprendente e compreenda que seu principal papel é a mobilização do trabalho coletivo em busca do objetivo basilar da instituição escolar: a aprendizagem de todos.

O conceito de escola aprendente entende a escola como instituição que se pensa e se avalia continuamente em um processo ininterrupto de reformulação dos fazeres no âmbito de seu projeto educativo.

A escola aprendente se identifica com o local onde está inserida, contextualiza-se na realidade imediata, potencializa a cidadania dos alunos, professores e funcionários, valoriza as diversidades, age com protagonismo, preconiza os diálogos para a tomada de decisões e tem consciência de seu compromisso social e reponsabilidade educativa.

Deste modo, a responsabilidade do gestor escolar não se resume em cumprir e fazer cumprir a legislação educacional, ou comunicar à equipe as estratégias a serem seguidas no desenvolvimento dos trabalhos. Efetivamente, espera-se do gestor uma atuação profissional integrativa entre técnica administrativa, postura pedagógica, habilidade para resolução de conflitos e liderança para fomentar e apoiar boas ideias.

Sob essa perspectiva, tal profissional necessita desenvolver múltiplas competências. Com foco no progresso das aprendizagens, faz com que todos sejam mobilizados a realizar com sucesso os projetos da escola e se sintam inspirados a descobrir o que é necessário para que todos aprendam juntos.

Enfim, em uma escola aprendente, o gestor organiza e faz funcionar uma instituição cujo coletivo escolar engajado, eficaz, criativo e responsável é capaz de procurar e encontrar soluções para os desafios educacionais da atualidade.

Gestão Administrativa

> *Planejamento de longo prazo não lida com decisões futuras, mas com o futuro das decisões presentes.*
>
> **Peter Drucker**

A esfera administrativa da gestão escolar está relacionada com o gerenciamento das ações concretas e funcionamento organizacional da escola.

A organização administrativa e o gerenciamento das funcionalidades precisam ser praticados a fim de cumprir a principal função da escola, efetuar os processos de ensino e de aprendizagem.

O propósito fundamental da escola é, portanto, pedagógico. Porém, para que esse propósito seja implementado, uma atividade secundária, chamada gestão administrativa, necessita ser realizada.

A responsabilidade administrativa é do gestor escolar, que para bem desempenhar essa tarefa, precisa de:

Ter capacidade de planejamento

A ausência de planejamento leva o gestor escolar a se especializar na função de "apagador de incêndios".

Um gestor sem planejamento é um navegador sem bússola. O planejamento é um mapa direcionador que indica, antecipadamente, as atividades que devem ser desempenhadas pela escola. São trilhas sugestivas que permitem o acompanhamento dos diferentes caminhos educacionais.

Planejar é uma ação do presente que antecipa o futuro. As metas pretendidas no planejamento justificam e mobilizam o ato de conceber planos, por isso, espera-se que o gestor tenha competência para realizar uma programação arrojada e exequível.

Tachizawa e Rezende (2000) definem o planejamento como "método de ordenação de atividades com vistas a alcançar objetivos propostos, ou seja, atingir um futuro desejado". As soluções pretendidas são a essência do ato de planejar, que deve apresentar os meios para que sejam efetivadas.

Sendo assim, o planejamento da escola é um trabalho fundamental para que, ao final do ano letivo, atinja-se o desejado no início. Em sua preparação, as prioridades devem estar indicadas, os objetivos dimensionados e as formas de acompanhamento e avaliação definidas e explicadas.

Um dos desafios do gestor é elaborar um planejamento completo para a escola que será sua referência de atuação. O planejamento estratégico é uma alternativa que pode ser utilizada. Trata-se de um processo que parte da realidade complexa e dinâmica da escola e traz um detalhado de um plano de ação. Por isso, é fundamental que se trabalhe com diagnósticos baseados em dados. O planejamento, porém, deve ser flexível, para permitir ajustes nos objetivos e nas estratégias durante a sua execução, tendo em vista seu caráter processual (LIBÂNEO, 2006).

Finalmente, o gestor precisa, em função de prioridades apontadas, das condições concretas e recursos disponíveis, elaborar um programa que seja fio condutor de todo o seu trabalho. Caso contrário, será refém de imprevistos cotidianos, transformando-se em um "faz-tudo" sem resultados.

Avaliar, reconstruir e acompanhar o projeto pedagógico da escola

O Projeto Político Pedagógico (PPP) deve demonstrar a visão, a missão, os objetivos, as metas e as ações que determinam os olhares e fazeres a serem trilhados pela escola. Portanto, institui-se como exigência normativa e se constitui como a principal referência da identidade escolar.

De acordo com De Rossi, o PPP pode ser compreendido em sua função:

- Reguladora: documento que traz registrada a própria organização do trabalho pedagógico da escola.
- Emancipadora: trabalho coletivo organizado para o desenvolvimento de reflexões e ações que orientam a prática educativa (DE ROSSI, 2006).

A primeira função situa-se no campo burocrático e documental, valorizando mais o documento instituído. Já a segunda função citada preconiza os procedimentos dinamizados das práticas educativas, as vivências cotidianas e as especificidades próprias de cada escola, dando mais destaque aos processos de movimento e engajamento instituintes.

Implementar o PPP pressupõe o planejamento coletivo, a execução das ações previstas, o acompanhamento dos processos, a avaliação de cada etapa e as retomadas necessárias. Esse trabalho somente será realizado se o gestor garantir reais possibilidades de tempo e espaço para a realização de cada uma dessas etapas.

Considerando-se a função emancipadora e a necessidade constante de ressignificação do próprio PPP em seu caráter instituinte, o gestor precisa promover tempos e espaços institucionais de trabalho coletivo para elaboração e reelaboração das etapas do PPP, em um processo cíclico, contínuo e dinâmico.

Um PPP que se caracteriza como norteador dos fazeres da escola nunca estará terminado. Toda a comunidade escolar deve participar das fases de elaboração, validação e reelaboração constantes e é tarefa do gestor fomentar as motivações necessárias para este fim.

Conhecer a legislação educacional

Conhecer profundamente a legislação educacional e aplicá-la com lisura é uma habilidade essencial do gestor escolar, porque estes são os profissionais viabilizadores do direito à educação.

Ele precisa ter uma percepção muito profunda de seu trabalho em relação à legislação, sabendo que sua atuação competente não se reduz ao estabelecimento de ações burocráticas para o cumprimento das leis. Ao contrário, o gestor escolar necessita saber procurar saídas legais para adaptar posicionamentos e flexibilizar normas para que o direito à educação seja garantido.

Para estar atento a toda legislação vigente, o gestor precisa elencar algumas leis e fazer estudos mais aprofundados. Sugerimos que o gestor se aproprie da Constituição Federal de 1988, da Lei de Diretrizes e Bases — lei 9.394/1996, e da Base Nacional Comum Curricular (BNCC) — 2017.

O instrumento maior do ordenamento jurídico nacional é a Constituição Federal de 1988, Carta Magna que estabelece de modo abrangente uma série de princípios e diretrizes a serem observadas tanto pelos gestores quanto pelos demais profissionais da educação. A educação, segundo a Constituição, é direito de todos e dever do Estado e da família.

No caput do art. 5º, o texto constitucional defende que todos são iguais perante a lei, e tal princípio norteia todas as demais leis educacionais infraconstitucionais. Por esta razão, a gestão precisa pautar suas ações sempre preconizando a igualdade de todos perante a lei.

Em um cenário menos abrangente, a Lei de Diretrizes e Bases — LDB (lei 9.394/1996) apresenta os diversos temas da educação, desde a Educação Infantil até o Ensino Superior e estabelece os princípios e deveres do Estado em relação à educação escolar pública e à educação das instituições privadas.

Já a BNCC, promulgada em 2017, deverá ser praticada nos currículos de todas as escolas do país a partir do ano de 2020. O gestor educacional, nesse processo, terá desafios importantes pela frente. É de fundamental importância que a BNCC seja estudada para maior conhecimento e para ser devidamente implementada.

Respeitar e fazer cumprir a legislação, as normas e o regimento escolar

A LDB nº 9.394/1996 determina que as instituições de ensino construam seus Regimentos Escolares de acordo com sua própria organização disciplinar, administrativa e pedagógica. Trata-se de um documento que normatiza o funcionamento pedagógico e administrativo de cada escola.

Esse documento estrutura e regulamenta as ações do coletivo escolar, as normas da escola e as normas que as regulam. Ele deve apresentar as características de cada uma das funções e segmentos da escola e prever as soluções para as várias ocorrências do cotidiano escolar.

A revisão deste documento é de responsabilidade do gestor e, sempre que houver necessidade ou alterações na legislação escolar, o gestor precisa encaminhar o Regimento atualizado aos órgãos competentes para nova aprovação.

É muito importante que o gestor conheça e faça conhecer o Regimento, uma vez que é por intermédio dele que a Constituição Federal, a LDB, a BNCC, os Pareceres Normativos dos Conselhos Estaduais de Educação

Gestão Administrativa

e as Deliberações e Resoluções das Secretarias de Estado e Municipais chegam ao universo escolar.

A premissa de que as regras valem para todos precisa ser internalizada e concretizada pelos gestores, portanto sua imparcialidade é essencial. Agir com pulso firme, fazer cumprir as regras e até as combinações é muito importante. Em contrapartida, precisa-se ter sensibilidade e buscar uma flexibilização possível diante de situações mais complexas.

Dar publicidade às normas a serem seguidas pela comunidade legitimam as decisões tomadas pelo gestor e o protegem de agir de modo arbitrário ou descomedido.

Para que todos os membros da comunidade conheçam o regimento escolar sugerimos:

- Distribuir uma síntese do documento que pode ser entregue aos alunos no primeiro dia de aula.
- Produzir uma versão reduzida que possa ser anexada em todas as salas de aula.
- Elaborar uma versão *on-line* com o regimento disponibilizado na íntegra no *site* da escola.
- Encadernar uma versão completa para ficar disponível na recepção da escola.

Mapear carências e pontos fortes da escola

Para a elaboração de um planejamento que traga os resultados desejados é fundamental que seja efetuado um levantamento sistemático de dados e informações sobre a escola, em seus aspectos positivos e negativos.

O gestor precisa conhecer as necessidades e expectativas da comunidade educativa, as práticas de excelência da escola, bem como os pontos fracos e as causas que os geram, visando a elaborar um planejamento que fortaleça o que é bom, resolva o que é um problema e satisfaça os anseios da comunidade escolar.

O desafio de identificar os pontos fortes da escola é essencial para que o gestor possa fortalecer seus indicadores de excelência e, posteriormente, comunicá-los a toda a comunidade.

No universo escolar, transformar pontos fracos em pontos fortes exige tempo, planejamento assertivo e muito empenho de acompanhamento para a correção de desvios. Os pontos fracos são os efeitos indesejados e resultados de uma situação anterior que os provocou. Para que o "sintoma" desapareça é preciso atacar a sua origem. Por isso, os dados levantados sobre os problemas da escola precisam ser profundamente analisados a fim de se compreender os aspectos que os causaram, pois eles só serão dissipados quando o que os causa desaparecer.

O aprimoramento dos pontos fortes, previamente existentes, é uma tarefa mais fácil. Foque os problemas e procure por soluções, mas, da mesma forma, aprimore os trabalhos exitosos, pois estes são alavancas

Gestão Administrativa

de entusiasmo que ajudam a mobilizar o coletivo na busca por melhoria dos pontos negativos.

Organizar registros e documentação escolar

Por sua importância, a gestão de documentos é indispensável para o bom funcionamento da escola. Responsável pela emissão de registros e arquivos da documentação escolar, o gestor é o profissional que deve zelar pelos documentos que representam fatos importantes tanto para alunos, professores e funcionários, quanto para a própria instituição.

No cotidiano da escola, a quantidade de documentos expedidos e recebidos é muito expressiva. Eles necessitam ser preservados e arquivados adequadamente, pois além de registrar as atividades da instituição, são imprescindíveis para construir a memória escolar.

Um bom sistema de gestão escolar facilita a emissão e o arquivo de documentação. Um bom sistema *on-line* permite que a secretaria resolva muitas coisas com agilidade, por intermédio de alguns cliques. A documentação fica organizada, assim como o banco de dados. Por isso, é fundamental que o gestor selecione uma plataforma que atenda suas demandas. Há programas (*softwares* disponíveis) que minimizam a burocracia e agilizam processos, organizam o setor documental e geram economia para a escola.

Além das plataformas digitais, há outras formas de arquivar documentos: estes podem ser armazenados em equipamentos adequados como os armários de gavetas com pastas suspensas. Uma simples sugestão, mas muito eficaz, é etiquetar as pastas com cores diferentes para localizar os documentos facilmente. O gestor sempre precisa verificar se sua equipe está emitindo e arquivando os documentos adequadamente para facilitar futuras consultas.

Documentos que necessitam de aprovação devem ficar em um espaço de destaque para serem encaminhados, sem que se percam os prazos estabelecidos. Já a documentação mais antiga pode ser guardada em móveis de salas específicas, pois esta é pouco acessada.

Gerenciar por meio de processos e instrumentos eficazes

Gerenciar processos é, coletivamente, identificar, executar, acompanhar, medir, monitorar e melhorar procedimentos do caminhar da instituição para alcançar resultados consistentes e alinhados com os objetivos do PPP.

A gestão por processos se pauta na horizontalidade da gestão escolar, pois propõe o engajamento do coletivo nas ações a serem concretizadas e não na verticalização de comandos para que tarefas sejam realizadas. Implementar a gestão por processos é priorizar ações que responsabilizam o coletivo na busca de um comportamento assertivo e conectado às metas determinadas.

Esse modelo possibilita o desenvolvimento do protagonismo e o fortalecimento do comprometimento, pois os atores escolares deixam de atuar como tarefeiros e passam a cooperar e a ser responsáveis por partes do processo. As pessoas ainda realizam as tarefas, mas têm uma visão mais ampla da importância de sua parte em todo o processo.

As metas são os resultados esperados, expressos quantitativamente em números absolutos ou percentuais, e devem ser exequíveis no prazo proposto para serem, paulatinamente, avaliadas.

Para o acompanhamento das ações é fundamental pensar em instrumentos de acompanhamento e avaliação sistemática (usando planilhas, rubricas, gráficos etc.) de cada etapa do trabalho para que se possa garantir o sucesso esperado.

O acompanhamento deve avaliar se as ações em processo estão em conformidade com o planejado e corrigi-las a tempo, ou seja, antes que os prazos estabelecidos terminem e haja prejuízo nos resultados.

Gestão por Processos e Resultados Escolares

Nós somos o que fazemos repetidamente. Excelência, portanto, não é um ato, mas um hábito.

Aristóteles

O conceito de gestão por processos é uma competência do gestor escolar que busca identificar, acompanhar, documentar, medir e melhorar processos da escola para alcançar resultados consistentes e alinhados com o Projeto Político Pedagógico.

Essa atuação se dá por meio da interação entre as várias atividades que são realizadas nas escolas pelos diversos profissionais que nela atuam, com vistas ao atendimento das questões prioritárias apontadas.

Uma vez que o trabalho pedagógico possui uma natureza (sempre) coletiva, as prioridades propostas são de responsabilidade de todos. Para que este trabalho se efetive, é dever do gestor acompanhar, intervir e melhorar os fazeres para garantir a participação efetiva dos envolvidos e promover o comprometimento com a qualidade dos trabalhos.

A gestão por processos também é fundamental, porque permite que a gestão se concentre no que realmente interessa: o trabalho coletivo em função das prioridades. Por isso, ela:

- Baseia-se em indicadores de desempenho, que sintetizam os elementos que traduzem o nível de aprendizagem dos alunos.
- Promove a verificação sistemática e contínua da frequência dos alunos, da sua aprendizagem e do desempenho escolar.
- É realizada em âmbito de sistema de ensino, mediante adoção de testes padronizados que permitem comparação de resultados.
- É realizada na escola em todas as unidades de aprendizagem, com fins pedagógicos (melhoria da aprendizagem de alunos que demandam atenção diferenciada).
- É também realizada na escola, mediante testes padronizados, que permitem identificar a necessidade de mudanças e reorganização do processo educacional para garantir melhores resultados de grupos específicos de alunos.
- É associada à definição de metas de desempenho.
- É realizada, na escola, com objetivos pedagógicos de identificar necessidades de melhoria, em associação aos elementos que condizem melhor com esses resultados.
- É dependente de práticas de acompanhamento e análise de resultados finais de processos educacionais: fim de unidade de aprendizagem (escola), de ano letivo (sistema).
- É realizada nos sistemas de ensino com o objetivo de estabelecer políticas de melhoria do ensino.

> Baseia-se na comparação de dados, que permitem verificar quanto de melhora houve em um dado período e como variam esses resultados em condições diferentes. (LÜCH, 2009, p. 57).

Uma das vantagens de se adotar a gestão orientada aos processos é o fato de que os envolvidos se sentem mais motivados e o comprometimento do coletivo aumenta, pois sabem que sua participação realmente faz diferença. Para contemplar a gestão por processos e resultados escolares, o gestor precisa:

- Ter uma visão integradora e estratégica.
- É imprescindível que o gestor escolar tenha uma visão integradora, porque o coletivo da escola não se constitui num todo homogêneo, orgânico e consensual.
- Sendo assim, é preciso saber articular a unidade na diversidade e na multiplicidade, isso significa trabalhar com as identidades e com as diferenças presentes nas pessoas. Os membros da equipe não podem sentir estranhamento uns com os outros, precisam de mecanismos intencionais para serem integrados e, efetivamente, sentirem-se parte do coletivo.
- A visão estratégica é a capacidade de perceber por onde as coisas estão caminhando, quais são os obstáculos que impedem os objetivos de serem alcançados e, por fim, conhecer quais são as oportunidades que surgem para aproveitá-las em função das prioridades estabelecidas.
- O gestor que possui uma visão integradora e estratégica é, em geral, um profissional atento aos acontecimentos e capaz de

compreendê-los para tomar as decisões necessárias com rapidez, antes que seja tarde demais. Essa percepção é fundamental para que os obstáculos que comumente atrapalham os resultados pretendidos sejam superados.

Saber delegar

A centralização é um dos maiores problemas encontrados no trabalho dos gestores escolares. O medo de perder a autoridade ao delegar e o receio de que as atividades não sejam desempenhadas com excelência faz com que muitos gestores concentrem em si muitas tarefas e validações de todas as etapas dos processos.

Agindo dessa forma, o gestor se identifica muito mais como um comandante que supervisiona do que um líder que mobiliza a sua equipe por melhores resultados educacionais.

Quando um gestor faz seu trabalho delegando autoridade e responsabilidade à equipe, divide o sucesso da escola com o coletivo, assume alguns riscos, compreende que erros acontecem e ganha tempo para se dedicar aos aspectos da gestão que são intransferíveis.

Saber delegar não se traduz em distribuir tarefas. A simples distribuição de um trabalho, deixando ao gestor a prerrogativa das decisões não é uma atitude de delegação. Delegar significa permitir decisões, atribuir responsabilidades e acompanhar a execução dos procedimentos estabelecidos. Por meio desse processo, o gestor abdica de parte da autoridade e estabelece com os envolvidos um vínculo de responsabilidade pelos processos e resultados.

A primeira condição para delegar as tarefas é o conhecimento de cada membro da equipe. O trabalho precisa ser delegado àqueles que podem realizá-lo. É importante ressaltar que não basta ser apenas qualificado, o responsável escolhido deve ser comprometido com o projeto coletivo da escola.

Delegar com eficácia significa dar a tarefa certa à pessoa certa, concedendo-lhe alguma medida de liberdade para que o trabalho se desenvolva de forma mais eficiente e produtiva. Para delegar, o gestor necessita apontar com clareza os objetivos do trabalho, dar instruções completas e compreensíveis, indicar os prazos de entrega, acompanhar o andamento dos trabalhos e colocar-se à disposição para esclarecimentos sempre que for necessário.

Estabelecer metas educacionais

Em tempos de cotidianos escolares complexos, dinâmicos, imediatistas e carregados de exigências urgentes, a responsabilidade de definir metas é uma obrigação do gestor. As metas são estabelecidas com base nas prioridades do PPP. Dentre tantas demandas educacionais, saber eleger o que é realmente mais importante é uma questão de profissionalismo gerencial.

As metas que a escola deve alcançar ano a ano são diferenciadas e exclusivas para cada escola. Elas devem ser traçadas levando em consideração o desempenho dos alunos no ano anterior com o objetivo de sempre melhorar seus indicadores de qualidade.

É importante explicar claramente a importância da meta para conseguir o engajamento do coletivo, exemplificando como outras escolas tiveram sucesso em tarefas parecidas e relembrando as práticas exitosas já alcançadas pela própria comunidade escolar.

Durante os processos, é essencial acompanhar todos os fazeres que o envolvem, atentando-se aos pontos que precisam de melhoria, nos possíveis erros de execução e outras limitações que possam acontecer. É o acompanhamento que garantirá que metas sejam atingidas de maneira eficaz.

Exercitar a autoavaliação da gestão

Conhecer-se e saber como se aprende é um dos passos mais importantes para o desenvolvimento pessoal e profissional. O autoconhecimento é imprescindível para que o gestor reflita sobre seu próprio comportamento e trabalho, mostrando à comunidade educativa que todos podem aprender e melhorar com processos autoavaliativos.

Para que o gestor possa pensar reflexivamente na sua avaliação, sugerimos que faça para si mesmo alguns questionamentos:

- Compreendo a escola como instituição aprendente e espaço de formação continuada?
- Preconizo a minha formação continuada, participando de cursos e atividades culturais?
- A gestão pedagógica é o maior foco?
- Acompanho e analiso dados de aprendizagens, usando-os para redefinir metas e estratégias?
- Uso os dados das avaliações internas e externas para pensar a proposta pedagógica da escola e discuti-la com o coletivo escolar?
- Valorizo a realização dos encontros formativos para toda a equipe escolar?
- Participo das reuniões pedagógicas e das reuniões com as famílias?
- Procuro garantir os materiais necessários, inclusive no campo das tecnologias, a alunos e professores?
- Incentivo a realização de atividades culturais e esportivas na escola?
- Trato todos os profissionais, pais e alunos igualmente, fazendo cumprir o regimento escolar?
- Atuo com ética e justiça na condução dos processos educativos e administrativos da escola?
- Ouço a opinião de alunos, pais, professores e funcionários antes de tomar decisões?
- A comunicação é tratada com profissionalismo, de modo que todos conheçam os projetos que estão sendo desenvolvidos?
- Torno público e compreensível o regimento escolar e as metas do PPP?
- Zelo pela boa organização da documentação da escola?
- Conservo e amplio o patrimônio escolar?
- Trabalho para manter a escola bonita, agradável e limpa para todos?

Reflexões periódicas e cíclicas feitas com base nas questões elencadas podem favorecer o encaminhamento para melhorias e aperfeiçoamento de atuação profissional.

Adotar sistema de indicadores educacionais

De acordo com o Inep/MEC, indicadores correspondem a uma composição combinatória de dados interligados que promovem a compreensão e o registro dos fatos e processos observados em uma determinada categoria de análise.

Nesse mesmo ponto de vista, o indicador é o elemento observável que possibilita a verificação, em termos mensuráveis, se a meta foi atingida, está em desenvolvimento ou encontra-se estacionada no mesmo patamar.

Segundo Lück, um indicador "necessita representar adequadamente a que refere, fornecendo informações condensadas da sua realização; ser facilmente mensurável; ser facilmente entendível; ter um enfoque integrador; permitir a relação com outros indicadores e permitir a comparação de resultados agregados de grupos diferentes" (LÜCK, 2009, p. 59).

Analisar os resultados das avaliações externas é um desafio para todo gestor. É fundamental pesquisar, na base de dados do Inep, nos indicadores de avaliações externas (IDEB, Prova Brasil, Provinha Brasil, Enem) os dados da escola para fazer uma análise desses indicadores e discutir a relação dessas informações com o projeto da escola.

Desenvolver uma cultura de avaliação

O desenvolvimento de uma cultura de avaliação na escola é uma ação que deve ser efetivamente desempenhada pelos gestores. O acompanhamento de cada etapa dos processos e resultados preliminares dos compromissos educativos da instituição conduzem as escolas a tomarem consciência de suas reais necessidades em função das metas estabelecidas.

É dever do gestor mobilizar a equipe, estabelecer estratégias de implantação e instituir processos periódicos para coletar informações sobre a escola, organizá-las e interpretá-las a fim de procurar linhas norteadoras para ajustes precisos.

As avaliações, tanto a interna quanto a externa, devem ser efetuadas de forma cíclica no cotidiano escolar, entretanto, não basta apenas avaliar a aprendizagem dos alunos, é preciso também avaliar todo o processo que possibilita ou não as aprendizagens.

Considerando-se que a escola é uma instituição aprendente, faz-se necessário avaliar o projeto pedagógico, as estruturas escolares, a didática dos professores, o modelo de gestão da escola, as dinâmicas de trabalho, os recursos físicos e materiais disponíveis e as relações estabelecidas na instituição, enfim, avaliar todos os processos da comunidade escolar.

Sob a mesma perspectiva, é possível dizer que a cultura da avaliação deve ser um processo formativo que potencializa o Projeto Político Pedagógico traçando novas possibilidades para a conquista de uma educação escolar de qualidade.

A escola que desenvolve a cultura da avaliação no seu cotidiano estabelece ações avaliativas pautadas em um processo democrático, ao considerar que o coletivo escolar deve participar, interpretar e propor soluções com base nos dados coletados; integral, ao fazer com que todos os integrantes sejam avaliados; participativo, ao assegurar a cooperação de todos; e cíclico, ao constituir práticas constantes de investigação e verificação dos caminhos da escola.

Saber reconhecer os progressos da equipe

É interessante o gestor conhecer a sua equipe para além de suas habilidades técnicas e de seus afazeres profissionais. As competências pessoais ou socioemocionais devem ser, igualmente, observadas, pois reconhecer os valores pessoais da equipe é muito importante para o crescimento do próprio grupo, na dimensão individual e coletiva de sua natureza.

O reconhecimento dos esforços e dos progressos das pessoas deve ser uma atitude constante do gestor, que não deve se ater apenas nos resultados, mas, sobretudo nos processos de crescimento individual. Toda equipe deve ser encorajada a sempre aprender e se desenvolver.

Quando o gestor observar que um membro da equipe fez um bom trabalho, deve elogiá-lo publicamente. Porém, as advertências sempre devem acontecer da forma mais discreta possível.

O gestor deve elogiar cada pessoa que sugere ideias fecundas e soluções boas. Quando a equipe cumprir os prazos estabelecidos para as tarefas, o gestor deve agradecer o engajamento e profissionalismo para conquistar um clima de muito crescimento e sucesso.

Quando bons processos de trabalho forem reconhecidos e puderem ser replicados para o coletivo, o gestor não deve hesitar em apresentá-los como modelos a serem seguidos.

Gestão Financeira

Cuidado com as pequenas despesas. Um pequeno vazamento afundará um grande navio.
Benjamin Franklin

Entende-se por gestão financeira um conjunto de ações capazes de organizar, planejar e executar as atividades financeiras de uma instituição escolar. Responsável por controlar gastos e organizar receitas, a gestão financeira permite a sustentabilidade funcional e operacional da escola. Para realizar a gestão financeira da escola, o gestor escolar precisa:

Estar antenado às novas tendências educacionais

Hoje vivemos um cenário de intensas modificações. O advento das novas tecnologias da informação e cultura digital trouxe mudanças de comportamento, relações interpessoais diferentes e acesso a serviços essenciais que se tornaram acelerados pela automação e robotização. Na mesma direção, o uso massivo de dados gerados (*big data*), a inteligência artificial e outros avanços constituem-se como demandas para os profissionais que atuam nos mais diferentes postos de trabalho.

O gestor escolar, antenado às novas tendências educacionais, deve buscar implementar na escola as incontáveis modificações que se apresentam. Dentre muitas, sugerimos o uso de metodologias ativas de aprendizagem, sala de aula invertida, gamificação, plataformas adaptativas de aprendizagem, desenvolvimento de atividades focadas em projetos de vida, projetos que preconizam as competências socioemocionais e avaliação por rubricas.

Todavia, é importante saber diferenciar as tendências educacionais dos modismos pedagógicos. As tendências educacionais são propulsoras de inovações que apresentam respostas às demandas de uma época. Já os modismos pedagógicos trazem pequenas novidades superficiais e periféricas, baseadas em um referencial obsoleto. Ou seja, o modismo não traz a transformação desejada, mas apenas joga purpurina em algo já ultrapassado.

Por exemplo, a folia da substituição do quadro negro por apresentações em PowerPoint em uma mesma velha aula apenas expositiva não transforma a didática medieval na qual os alunos ouvintes são espectadores de uma apresentação feita pelos professores. Uma mudança que não se traduz em inovação é mais do mesmo, pois só mudou o suporte dos conteúdos, da lousa para a tela, mas não a dinâmica da aula.

Enfim, para estar antenado às novas tendências educacionais, o gestor necessita desenvolver e exercitar um olhar atento revestido de bom senso e discernimento. Nestes casos, a intuição pode ajudar, mas o ideal que é se faça pesquisas antes de tomar quaisquer decisões.

Zelar pelos procedimentos e regras financeiras

Um conceito que ganha força entre os gestores hoje é o termo *compliance*, uma palavra com origem no verbo em inglês *to comply*. Este está associado à ideia de cumprir uma regra, agir seguindo uma norma ou instrução específica.

As instituições públicas e privadas que zelam pelos procedimentos e regras fiscais não só agem conforme as leis vigentes no país, como também se tornam comprometidas com transparência e ética, exercendo práticas e normas estabelecidas pela legislação.

Escolas e gestores zelosos pelos procedimentos fiscais aprenderam que, ao se submeter às leis, normas e procedimentos de verificação e auditoria, criam um clima de respeito e confiança nos usuários da escola e em seu entorno.

Em contrapartida, escolas cujas práticas cotidianas são impregnadas de desconfiança e negligência com as regras vigentes experimentam a perda de credibilidade de seus gestores e a negação de seus valores. As consequências desse comportamento são imprevisíveis e o principal risco da instituição escolar é perder sua credibilidade.

O zelo pelos procedimentos e regras vigentes se traduz no cuidado da gestão fiscal das instituições de ensino. Na educação pública, a prestação de contas é cada vez mais exigente e rigorosa, assim como nas instituições de ensino privado. Portanto, zelar pelos procedimentos e regras vigentes é imprescindível para uma gestão efetiva e transparente.

Priorizar os investimentos

Decidir é fazer escolhas. Quando se decide por alguma coisa, perde-se outra, pois toda decisão envolve perdas e ganhos. Um gestor incapaz de decidir pode ser obrigado a seguir um caminho determinado por outros.

Na gestão financeira, é preciso tomar muitas decisões e definir as prioridades de investimento. A escassez de recursos, na maioria das escolas, solicita um gestor não apenas reativo aos problemas financeiros, mas com capacidade de se antecipar às dificuldades e de enfrentar as adversidades para "decidir na urgência e na incerteza", sempre à luz das reais prioridades da escola (PERRENOUD, 2001). Especialmente no caso das escolas privadas, o gestor precisa priorizar as ações que podem, de fato, fortalecer a instituição escolar e lhe proporciona estabilidade econômica.

Agir na urgência não significa agir com urgência. O agir "na urgência" refere-se à identidade do contexto, do momento eventual de uma crise, visto que algo precisa de uma intervenção imediata. Entretanto, agir "com urgência" está relacionado à forma da intervenção quando houve negligência com os prazos estabelecidos.

É necessário, também ao gestor, agir na incerteza, porque muitas vezes, num contexto complexo e com interação de muitos fatores, saber tomar decisões quando as coisas ainda estão em curso pode ser uma das mais importantes competências de um gestor.

Criar uma rede de relacionamento e trocas de informações

Quando o gestor tem o olhar apenas para dentro, ou seja, só valoriza e conhece o que faz a sua escola, pode desenvolver uma miopia que o impedirá reconhecer o universo maior no qual ela está conectada.

Os gestores não podem se fechar para as iniciativas externas, é preciso exercitar o olhar macro para admirar outras experiências e alargar os próprios horizontes.

Por isso, é importante criar uma rede de relacionamento com outros gestores para troca de informações sobre questões mais amplas que abranjam a todos, aumentando, assim, a colaboração entre gestores escolares.

A tecnologia pode ter um fator auxiliar para o alargamento de uma rede de relacionamento: uma procura detalhada em buscadores da internet pode ajudar. Em um clique se pode conhecer projetos de sucesso e gestões exitosas do outro lado do estado ou país. Os relacionamentos podem ser de caráter mais pessoal, como também apenas profissionais, uma vez que a partilha de conhecimento pode ser boa para todos.

Por fim, é importante desenvolver o hábito de construir uma agenda de contatos, *e-mails*, telefones e endereços. Alimentar a rede de relacionamentos resulta na prazerosa partilha de experiências bem-sucedidas e interessantes aprendizagens com as experiências de outros.

Observação: Os três últimos itens sobre as competências financeiras de gestores escolares estão circunscritos apenas para o âmbito das escolas privadas.

Manter o fluxo de caixa organizado e provisionar o capital de giro

O que se convencionou chamar fluxo de caixa nada mais é que o fluxo do dinheiro em uma empresa. Esse valor representa a soma dos valores recebidos e gastos, em um dado intervalo de tempo.

É imprescindível discriminar rigorosamente quais são as entradas (receitas) e saídas (despesas) financeiras por meio de controle diário, prática chamada de "controle do fluxo de caixa".

O controle deve partir dos questionamentos: "O gasto é indispensável?" "A empresa precisa dele para sobreviver?". Caso a resposta seja afirmativa, deve-se analisar uma negociação ou estudar a possibilidade de redução no valor a ser gasto. Quando a resposta for uma negativa, deve-se cortar o gasto desnecessário e centrar esforços para racionalizar as despesas.

Uma provisão adequada é deixar, ao menos, uma receita corrente para o capital de giro, a fim de não precisar recorrer a empréstimos e gerar mais custos financeiros.

A falta de capital de giro gera consequências negativas na gestão financeira, pois o gestor não consegue honrar seus compromissos. Nesses

Gestão Financeira

casos é comum recorrer a bancos e instituições financeiras pagando altas taxas de juros. E se isso ocorrer por um longo intervalo de tempo, provoca graves desequilíbrios financeiros.

Ao final do ano fiscal, a análise do fluxo financeiro permitirá possíveis correções e melhorias, todavia, deixar de honrar seus compromissos pode minar a credibilidade de um gestor e sua instituição.

Controlar a inadimplência e construir um bom contrato de prestação de serviços

Inadimplência é o não pagamento de uma conta ou dívida. Segundo indicadores econômicos, o Brasil apresenta atualmente muitos consumidores inadimplentes. O desemprego e as crises econômicas impactam a capacidade das pessoas de honrar seus compromissos financeiros.

A inadimplência atinge a sustentabilidade financeira de qualquer escola, em especial as médias e pequenas.

O controle da inadimplência precisa ser constante e contabilizado diariamente. As medidas para seu controle devem ser feitas por um responsável encarregado que deve proceder como foi definido pelo gestor.

A seguir, um exemplo de como se pode tratar da inadimplência:

- Contato por *e-mail* ou mensagem de texto alertando a falta de pagamento.

- Repetição de procedimento, destacando a importância da pontualidade nos pagamentos.
- Contato pessoal ou por telefone, demonstrando que a escola está mobilizada e pronta a acolher possíveis justificativas.
- Depois da recusa formal do pagamento, avaliar quais medidas cabíveis, até judiciais, podem ser tomadas.

A chave para o êxito no combate à inadimplência é a rapidez em detectá-la, o profissionalismo em resolvê-la e a cordialidade na abordagem com o inadimplente. Um *software* pode ajudar no envio programado de boletos, de lembretes de pagamentos via *e-mail*, ou de SMS aos responsáveis pelo aluno.

O gestor precisa diferenciar a inadimplência ocasional da contumaz. A ocasional demanda um cuidado particular, por vezes com justificativas compreensíveis, motivadas por situações extremas, como conflitos familiares, doença grave ou falecimento de um familiar.

De outra forma, acompanhar de perto um inadimplente contumaz é imprescindível. Quando não há justificativas aceitáveis deve-se comunicar que após uma determinada data, as penalidades serão aplicadas, como consta no contrato de prestação de serviços educacionais. Esse aviso deve ser feito por carta registrada ou outra modalidade similar.

Cabe ao gestor receber o inadimplente que deseja honrar seus compromissos, analisando, caso a caso, uma possível redução das penalidades ou parcelamento dos valores devidos. Enquanto esses procedimentos ocorrem, o aluno não pode sofrer nenhum tipo de constrangimento ou ser cerceado de qualquer atividade escolar.

Por isso, é importante construir um contrato de prestação de serviços educacionais com regras definidas, em linguagem clara e acessível, nada de letras miúdas ou notas de rodapé.

Na assinatura do contrato, por ocasião do ato da matrícula, o responsável legal pelo aluno deve ser informado das penalidades impostas quando ocorrer falta de pagamento da anuidade escolar.

Separar despesas pessoais das contas da empresa

Um dos erros mais graves na gestão financeira é misturar despesas da empresa (pessoa jurídica) das despesas pessoais (pessoa física). Separar rigorosamente as despesas pessoais da empresa é necessário para haver um eficaz controle financeiro.

O ideal é ter contas correntes separadas, uma para as despesas pessoais, outra para as despesas da empresa. Quando elas se misturam, a gestão de recursos é prejudicada.

Outro problema grave é a sonegação de impostos.

Quando há sonegação de quaisquer impostos ou tributos, uma provável autuação por infração fiscal multiplica os débitos existentes e gera um desequilíbrio econômico capaz de comprometer toda a gestão financeira. É importante não esquecer: sonegar impostos é crime.

Uma dica importante é guardar todos os recibos de pagamentos de impostos. Práticas como arquivar os pagamentos em papel, anexar cópias de pagamentos em arquivos digitais e criar uma agenda, para não se perder as datas limites de pagamentos são indispensáveis. Tenha várias cópias dos mais distintos pagamentos de impostos. Evite pagá-los em dinheiro. Use mecanismos que identifiquem a fonte pagadora, como cheques nominais da empresa ou pagamentos via DDA – Débito Direto Autorizado.

Gestão Pedagógica

O essencial, com efeito, na educação, não
é o conteúdo ensinado, é o despertar.
Ernest Renan

A gestão pedagógica abrange todo o processo educativo e é soberana sobre qualquer outro aspecto da gestão escolar. Assim, todas as demais esferas de atuação do gestor devem estar a serviço da dimensão pedagógica de seu trabalho, com vistas a garantir a aprendizagem dos alunos e professores. Para fazer uma gestão pedagógica de excelência, o gestor escolar precisa:

Focar no aprendizado de todos os alunos

A escola centrada na aprendizagem de todos os alunos é uma escola onde todos os alunos aprendem, desenvolvendo suas competências cognitivas, socioemocionais e seus valores. Para que isso aconteça, os gestores, juntamente com sua equipe docente, precisam ter um compromisso ético para com a aprendizagem de todos na perspectiva da educação integral, conforme preconiza a BNCC.

Fazer a gestão escolar com foco na aprendizagem é um grande desafio para os gestores e o que lhe conferirá destaque como um gestor de excelência.

Porém, diante de tantas e complexas demandas, muitas vezes a gestão das aprendizagens fica somente a cargo do coordenador pedagógico. Contudo, apesar de tantas atribuições, estar próximo ao coordenador para acompanhar e orientar os trabalhos é uma tarefa imprescindível e intransferível.

Para acompanhar e orientar os trabalhos do coordenador pedagógico, o gestor precisa analisar periodicamente os resultados acadêmicos. E, após as análises, sabendo-se que corpo discente não forma um todo homogêneo e uniforme, deve-se recomendar que o coordenador implemente instrumentos de diferenciação pedagógica para recuperar os saberes não aprendidos, a fim de fomentar a aprendizagem de todos.

Por fim, uma escola focada na aprendizagem reconhece e valoriza as diferentes formas como os alunos podem aprender, tendo-se em vista as várias maneiras pelas quais podem ser ensinados.

Preconizar as diretrizes do Projeto Político Pedagógico

O Projeto Político Pedagógico (PPP) determina a identidade da escola. Ele apresenta os princípios da escola, os seus propósitos, o que faz, como faz e onde quer chegar.

Gestão Pedagógica

Por ser um documento vivo e norteador das atividades da escola, o PPP precisa ser revisitado a cada etapa do ano escolar, sempre por meio da coletividade, pois não é consequência somente das reflexões do grupo gestor, mas de toda a comunidade escolar.

Mais do que um documento, o PPP deve se caracterizar como um movimento que propulsiona a comunidade escolar, mantendo vivos os princípios e propósitos redigidos na sua versão documental.

Para preconizar as orientações do PPP, o gestor precisa desenvolver, com intencionalidade, as diretrizes do PPP em todas as etapas do planejamento escolar e do fazer pedagógico.

Lembrando que a implementação do PPP na escola é um processo contínuo, é importante que os gestores educacionais utilizem, de forma competente, as ferramentas de monitoramento dos processos, no incansável acompanhamento das atividades educacionais cotidianas, já que é por meio delas que o PPP se materializa.

A escola não pode se desviar de seus propósitos sob o risco de perder o foco das prioridades, prejudicando a obtenção dos resultados esperados.

Estabelecer as diretrizes do currículo da escola

O currículo escolar não é apenas um elenco de componentes curriculares e respectivos objetos de conhecimento, mas é, também, todas as práticas cotidianas com vistas a desenvolver os saberes e procedimentos formativos no trabalho educativo escolarizado.

Sob essa perspectiva, o gestor, responsável por mobilizar o coletivo escolar para a construção de um currículo, deve orientar a sua construção em pressupostos pedagógicos, didáticos, psicológicos, sociológicos, filosóficos, antropológicos, culturais, políticos e legais, anteriormente pontuados no PPP.

Para que isso aconteça, o gestor deve considerar os princípios clássicos da organização curricular. De acordo com Taba, o currículo é válido e significativo:

- quando atende o desenvolvimento científico contemporâneo;
- na medida em que esteja em acordo com a sociedade em que se vive;
- na medida em que leve em conta a relação escola e trabalho;
- na medida em que atenda as necessidades de desenvolvimento pessoal-social dos alunos (TABA, 1992).

A Base Nacional Comum Curricular (BNCC) é o documento orientador obrigatório que determina os objetos de conhecimento e o desenvolvimento das habilidades correspondentes a eles para todos os estudantes do país.

Porém, de acordo com o Ministério da Educação (MEC), as escolas têm autonomia para elaborar ou adequar os seus currículos, desde que de acordo com o estabelecido na BNCC, tendo-se em vista a contextualização e adaptação a seus projetos pedagógicos.

O currículo é materializado nas ações pedagógicas nos caminhos de ensino e de aprendizagem, nos saberes abordados, nas metodologias implicadas, nos processos de avaliação da aprendizagem, dentre outros.

Portanto, o gestor escolar necessita revisitar o currículo da escola e mobilizar o coletivo escolar para construí-lo e reconstruí-lo de modo dinâmico, visto que este estabelece direcionamentos para a elaboração dos planos de ensino dos educadores.

Compreender a escola como uma comunidade de aprendizagem

Uma escola onde as aprendizagens contínuas são valorizadas, tem uma ação gestora que promove e facilita o desenvolvimento de uma cultura de aprendizagem.

A escola precisa saber ensinar, saber a quem ensina e como pode ensinar a todos, não apenas por meio do trabalho de cada um de seus professores, mas também pelas estruturas instituídas que tornam viáveis as aprendizagens.

Uma cultura de aprendizagem é capaz de transformar os pressupostos teóricos em estratégias de intervenções pedagógicas que se traduzem em bons resultados.

Uma escola aprendente não pode estar centrada apenas na aprendizagem dos alunos, mas deve sobretudo ser uma instituição que, igualmente, proporcione uma aprendizagem para os professores.

A formação de professores se dá em três dimensões: a formação inicial, a formação continuada por meio de cursos de pós-graduação, e a formação continuada na escola. De acordo com Nóvoa, é na formação continuada que acontece a verdadeira formação do professor, pois ao tematizar sua prática docente estabelece reflexões de seu fazer com as bases teorias e constrói novos saberes (NÓVOA, 1995).

Sob essa perspectiva, além do gestor trabalhar para transformar a natureza e estruturação dos conteúdos, as metodologias utilizadas, as avaliações efetuadas, o ambiente na sala de aula etc., precisa também ter um planejamento de ação para formação continuada dos professores.

Nesta direção, para agir com eficácia, o gestor deve se perguntar:

- O que vale a pena ser trabalhado para fazer a formação continuada dos professores?
- O que precisam compreender melhor para aperfeiçoar as aprendizagens dos alunos?
- Como estimular o engajamento de cada um para a compreensão?
- Como saber o que professores "aproveitam" da formação continuada que aparece como resultado no desenvolvimento das aprendizagens dos alunos?
- Quais são os critérios relevantes relacionados à formação continuada que podem usados para avaliar o desempenho dos professores?

Incentivar e apoiar a implantação de projetos e iniciativas inovadoras

O gestor precisa estar atento para perceber, incentivar e apoiar a implantação de projetos e iniciativas inovadoras, provendo os recursos necessários para seu desenvolvimento.

Os projetos que se mostrarem atraentes e flexíveis para servir a todos os alunos, com grande variedade de possibilidades pedagógicas e possíveis de serem adaptados a vários componentes curriculares, devem ser implementados pela gestão.

Entretanto, precisa-se adotar critérios claros para se escolher os projetos que ganharão destaque e investimentos da gestão. Estes devem ser de responsabilidade dos professores e alunos e sobretudo produzir evidente aprendizagem.

Estabelecer parâmetros orientadores para a coordenação pedagógica

Sendo a escola uma instituição educativa, a existência de uma boa relação entre gestão e coordenação pedagógica é fundamental para que se alcance a aprendizagem e o sucesso escolar dos estudantes.

- Para que o coordenador pedagógico não se transforme em um profissional que "faz tudo", do ponto de vista das emergências e um "faz nada" na questão dos resultados acadêmicos, o gestor precisa orientar o seu trabalho para que sua atuação não seja desordenada e desfocada da sua real função, que não é ser porta-voz do diretor, quebra-galhos ou fiscalizador de professores.

- De maneira oposta, o coordenador é responsável por acompanhar a gestão da aprendizagem dos alunos e a formação continuada dos professores, articulando-as coletivamente do projeto político pedagógico da escola.

- Para que a função do coordenador pedagógico seja plenamente realizada, o gestor escolar necessita reconhecê-lo como o principal articulador das atividades pedagógicas. Nessa perspectiva, compreende-se que o gestor (diretor) e a coordenação pedagógica devam funcionar mediante um trabalho conjunto e interativo.

- Portanto, se faz necessário que o gestor, estabeleça os parâmetros de trabalho para acoordenação, delegue a grande parte da gestão pedagógica a ela e transfira-lhe o poder e a responsabilidade necessários para a realização de um trabalho com bons resultados.

Utilizar indicadores de qualidade

Indicadores educacionais são sinalizadores de qualificação que permitem olhar para determinados aspectos e tecer avaliações comparativas a partir deles.

Com o objetivo de permitir um diagnóstico, os indicadores são utilizados para indicar a qualidade das escolas. Destacam-se, dentre outros, como indicadores de qualidade:

- O ambiente educativo: A escola precisa ser limpa, bonita, organizada e agradável, com equipamentos necessários à realização de um ensino de qualidade com um clima que favoreça a aprendizagem.
- Gestão escolar integradora: A gestão deve possibilitar as decisões coletivas, promovendo a participação dos colaboradores, das famílias, estudantes e ser estratégica na mediação e solução de conflitos.
- O projeto pedagógico: o PPP deve ser coletivo e com uma proposta pedagógica que preconize a aprendizagem de todos, em uma perspectiva de escola aprendente, identificando as dificuldades de aprendizagem e fomentando intervenções pedagógicas para promover o desenvolvimento dos alunos.

Por meio de alguns indicadores, pode-se construir um mapa que permita identificar os pontos fracos e fortes da escola, de forma que todos saibam profundamente como está a escola e tenham condições de refletir e fazer propostas para buscar mais qualidade.

A utilização de indicadores de qualidade, portanto, é fundamental na busca pela excelência, para que a escola se fortaleça e ganhe reconhecimento de seus usuários.

Gestão de Pessoas

Se você der às pessoas as ferramentas adequadas e se elas usarem sua habilidade natural e sua curiosidade, elas irão desenvolver as coisas de uma forma que irá surpreendê-lo, muito além do que você poderia ter esperado.
Bill Gates

Compreende-se por gestão de pessoas as ações desenvolvidas pelo gestor com vistas ao desenvolvimento profissional de seus colaboradores. Os gestores devem saber motivar cada funcionário ou professor para que estes se percebam como membros importantes para a instituição e possam trabalhar com compromisso e competência.

A gestão de pessoas

[...] corresponde à superação do sentido limitado de administração de recursos humanos para a gestão escolar que se assenta sobre a mobilização dinâmica do elemento humano, sua energia e talento, coletivamente organizado, voltados para a constituição de ambiente escolar efetivo na promoção de aprendizagem e formação dos alunos. Essa orientação se constitui numa mudança de paradigma, segundo a qual se reconhece que os problemas em geral são globais e complexos, como o são especialmente os da educação, e por isso demandam uma visão abrangente e articuladora de todos os seus segmentos e ações realizáveis pela perspectiva humana do trabalho educacional. Perspectiva essa que deve estar presente no ato educacional como ponto de partida, percurso e chegada (LÜCK, 2009, p. 82).

Para realizar a gestão das pessoas, o gestor escolar precisa:

Ter segurança da sua autoridade

Muito mais interessante do que um modelo vertical, é a adoção de um modelo horizontal para realizar a gestão das pessoas, visto que o uso da autoridade em uma gestão educacional precisa ser legitimado através de ações que garantam a participação das comunidades interna e externa à escola.

A autoridade está relacionada à liderança e a postura do gestor. Um gestor com autoridade não precisa reafirmá-la constantemente, pois é capaz de influenciar as pessoas da sua equipe e de convencê-las a buscar os objetivos de toda a instituição como se fossem seus próprios. As pessoas sentem-se motivadas em seguir as orientações de alguém admirável, cujo poder é legitimado por aqueles que estão sob sua liderança. Por outro lado, o autoritarismo é um poder imposto e está ligado a obrigação da ação mediante a força.

Gestão de Pessoas

Quando existe autoridade, as pessoas agem motivadas pelo líder, considerando os objetivos coletivos da instituição, mas quando é o autoritarismo que entra em cena, as pessoas agem apenas por obediência e fazem somente os seus trabalhos, sem perspectiva coletiva ou futura. Fazem suas entregas profissionais apenas pela imposição e medo das ameaças.

Exercer uma gestão participativa

Para exercer uma gestão participativa é preciso promover o acolhimento das diferentes pessoas nas decisões da escola. A participação das pessoas acontece quando o gestor promove a aproximação delas às oportunidades de decisões importantes.

As oportunidades de participação devem ser pautadas no sentido da responsabilidade social e no empenho coletivo para a realização de objetivos da escola. Nessa direção, a gestão participativa, quando propulsora do estabelecimento de um ambiente de convivência responsável e solidária, cria possibilidades reais de cooperação.

O conceito de "cooperação" é mais abrangente do que a ideia de participar. Cooperar é colaborar ou trabalhar junto, já participar implica apenas em fazer parte. Imersos em redes sociais, enfraquecemos o convívio. Esse comportamento nos faz indiferentes aos mais próximos, que trabalham ao nosso lado. Por isso, o exercício para decisões participativas pode ser uma ferramenta de aproximação e colaboração entre os profissionais.

A realização de uma gestão democrática acontece mediante a atuação de um gestor que tenha autoridade e liderança. Em vista disso, cabe ao gestor:

> [...] criar uma escola onde as pessoas ajam de forma colaborativa, valorizar uma cultura de solidariedade e cooperação entre os funcionários promover a integração e a articulação de diferentes áreas da escola, atribuir mais valor aos processos e resultados coletivos em detrimento aos fazeres individuais e fortalecer a prática das decisões em conjunto e responsabilidades compartilhadas (LÜCK, 2009, p. 81).

Criar comissões de cogestão

Para promover a gestão participativa e compartilhada, é interessante a criação de comissões de cogestão. Estas são espaços de gestão onde todos os participantes têm maior autonomia para decidir em conjunto sobre alguma especificidade, já que a decisão é restrita às suas áreas de atuação.

A cogestão corresponde à atuação de forma planejada de um grupo definido pelo gestor para decidir sobre alguns trabalhos específicos baseados nos propósitos comuns da instituição.

Para garantir bons resultados, por meio das comissões de cogestão, cabe ao gestor acompanhar sua atuação no sentido de garantir a autonomia delas, porém, ao mesmo tempo, assegurar que sejam planejadas e coordenadas para que atividades não sejam desorientadas e resultem em decisões desfocadas.

Promover a organização do trabalho coletivo na escola

A escola exige do gestor um trabalho de articulação e integração entre suas particularidades para que interesses individuais não se sobreponham aos objetivos coletivos.

O desenvolvimento de um trabalho coletivo solicita a atuação da comunidade educativa na construção e na implementação de um projeto pedagógico no qual a aprendizagem dos alunos seja a principal intenção.

O trabalho coletivo pressupõe decisões conjuntas, partilha de responsabilidades e está fundado nos princípios definidos no PPP.

Fazer a gestão, no cotidiano das práticas escolares, não é tarefa fácil, pois como afirma Fusari, "a realização do trabalho coletivo não supõe apenas a existência de profissionais que atuem lado a lado numa mesma Escola, mas exige educadores que tenham pontos de partida (princípios) e pontos de chegada (objetivos) comuns" (FUSARI, 1995, p. 70).

De modo correspondente à premissa colocada, compreende-se que os princípios e objetivos do espaço escolar devem ser definidos a partir do respeito à diversidade e à sua complexidade, para que todos, devidamente contemplados, estejam imbuídos de trabalhar em interação e cooperação em direção aos objetivos fundamentais da escola. É nesta dinâmica que se constitui, na prática, o coletivo da escola.

Portanto, para que o trabalho coletivo seja identidade constitutiva da escola não basta juntar as pessoas para a realização de tarefas, é preciso que sejam mobilizadas conjuntamente a partir dos princípios e objetivos que as unem.

É tarefa do gestor, então, trabalhar para que haja certo consenso entre os colaboradores, os quais podem apresentar divergências entre si. Desta forma, construir um trabalho coletivo na escola é uma empreitada gestora desafiante, que exige empenho, persistência e resiliência.

Liderar a prática de bom relacionamento interpessoal e comunicação

A organização escolar é essencialmente complexa, estruturada em bases de pluralidade e diversidade, onde os conflitos, correlatos a cada grupo constituinte da escola, estão presentes.

Nesta direção, o gestor escolar deve pôr em prática atividades cotidianas que otimizem o desenvolvimento de uma boa comunicação institucional para o desenvolvimento de competências comunicacionais que visem a melhorar as relações interpessoais na escola.

A comunicação pode facilitar ou prejudicar o estabelecimento de bons relacionamentos interpessoais, os quais demandam um investimento intencional da gestão, pois além de se conviver na escola, é preciso saber respeitar todos coletiva e individualmente, saber ouvir e saber falar. Assim, é de fundamental importância que o gestor tenha uma percepção clara das formas e intensidades dos relacionamentos que acontecem cotidianamente entre todos.

É importante, também, estar atento ao processo comunicativo desenvolvido na escola. Quando falamos de comunicação na escola, estamos falando de um campo em que as palavras "vínculo" e "credibilidade" são fundamentais. Não se educa alguém nem se constrói parceria com alguém em que não se confia.

A boa comunicação começa com uma boa escuta. Promover momentos institucionalizados de escuta de cada colaborador é um trabalho que pode oferecer ao gestor uma "leitura" mais verdadeira da realidade.

Para trabalhar as relações interpessoais é preciso fazer o exercício de olhar dentro da escola. Esta é uma estratégia para conhecer as reais verdades, e não as aparências da escola.

É essencial que o gestor dê atenção específica às relações interpessoais para impactar favoravelmente a organização escolar. Finalmente, para que não se produza equívocos ou se gere confusão, faz-se necessário preservar uma comunicação institucional efetiva. Para tal, publique avisos, use memorandos, ofícios, sempre com linguagem clara e compreensível e que permitam a real intenção da mensagem, procurando abranger toda a comunidade escolar.

É dever do gestor priorizar a existência de um ambiente de convivência aprazível e ancorado na confiança.

Promover e orientar a troca de experiências entre professores

Promover e orientar a troca de experiências entre professores como estratégia de melhoria de práticas didáticas é uma atividade escolar muito proveitosa.

Ao mobilizar pessoas e proporcionar situações para todos exporem suas experiências, o gestor propicia a criação de vínculos entre os docentes e potencializa os conhecimentos pedagógicos e didáticos do grupo.

Os erros e acertos das práticas didáticas precisam ser colocados na roda para serem refletidos em conjunto, assim, toda a equipe aprende por meio deles.

A organização de alguns trabalhos interdisciplinares, onde os projetos são elaborados em parceria, oferece condições para que uns aprendam com os outros.

Outra possibilidade é envolver alguns professores na resolução de um problema real, originário de uma prática equivocada, e solicitar soluções curriculares para tal. É interessante, também, implementar um momento no início de cada reunião no qual um professor apresente aos demais uma boa ideia.

Outro caminho importante para incentivar a partilha das experiências bem-sucedidas são encontros formativos entre os pares para o compartilhamento de saberes.

O gestor escolar pode também incluir no calendário a realização de oficinas pedagógicas ou de mesas-redondas, que objetivem o aprender junto. Os eventos devem ser realizados pelos próprios docentes, para que eles tenham notoriedade e possam comunicar suas práticas de sucesso.

Atuar como moderador em situações de divergências e de conflito

Em um espaço plural, onde convivem cotidianamente muitas pessoas, é esperado que ocorram situações de divergências interpessoais. Esse cenário exige do gestor um aprimoramento da comunicação a fim de minimizar os conflitos que possam aparecer.

Weiss (1994, p. 24) demonstra que existem quatro maneiras de lidar com o conflito:

- Confrontação construtiva.
- Confrontação por meio da dominação.
- Evitação.
- Acordo.

A confrontação por meio da dominação se dá pela existência de uma relação assimétrica de poder. A evitação acontece quando o conflito é negado por uma ou pelas duas partes que se distanciam para não enfrentarem desconforto. Já o acordo caracteriza-se por ser uma estratégia na qual as partes cedem em alguma coisa em nome de uma pacificação, contendo o conflito em vez de resolvê-lo.

Por sua vez, a confrontação construtiva é uma tática de gestão que se propõe, de fato, a resolver o conflito de forma que as duas partes sejam beneficiadas no processo.

Para promover a confrontação construtiva, o gestor precisa estar disposto a fazer oitivas para que os envolvidos possam se explicar com base em seus pontos de vista. O desafio do gestor é criar um clima de confiança no qual as duas partes possam se expressar sem medo de prejulgamento.

Para envolver-se numa situação em que duas partes estão em confronto, é preciso saber interceder e a imparcialidade é essencial. É preciso, também, fazer um exercício de paciência e saber ouvir até que as duas partes encontrem alguma saída

Outras vezes, o tipo de conflito estabelecido requer a instituição de mediações externas capazes de conduzir a um consenso possível. Cabe ao gestor, diante do conflito exposto, o papel de decidir se faz a mediação ou se é necessária a intervenção de terceiros.

Gestão da Comunicação e Fortalecimento Institucional

> *Ouça com curiosidade. Fale com honestidade.*
> *Aja com integridade. O maior problema com*
> *a comunicação é que nós não ouvimos para*
> *entender. Ouvimos para responder.*
> **Roy T. Bennett**

A comunicação é uma atividade muito importante que deve ser implementada com zelo pelos gestores. É a comunicação ampla e eficaz que ajuda a fortalecer a instituição. Fazer uso de uma política de comunicação é indispensável para a gestão escolar de sucesso.

As ações de comunicação deverão contribuir para o fortalecimento da imagem institucional da escola, divulgar projetos desenvolvidos de forma sistemática, em linguagem acessível e didática, e oferecer amplo conhecimento à comunidade interna e externa sobre as atuações, metas e propósitos do PPP.

Gestores capazes de fazer uma boa política de comunicação são assertivos, pois mesmo nas adversidades deixam claras suas decisões, mobilizam, inspiram e estimulam suas equipes. Adiante, atividades que o gestor escolar precisa para desenvolver uma boa política de comunicação.

Planejar, monitorar e avaliar as estratégicas de comunicação

A comunicação é meio para a convivência e instrumento constitutivo da vida em sociedade.

Ao traçar uma estratégia de comunicação, o gestor deve definir o conteúdo, o meio, o público interlocutor e o cronograma de sua ação. É fundamental para o êxito da comunicação organizar a mensagem, identificar qual é a melhor forma de se comunicar, além de encontrar uma forma de abordagem capaz de atingir o objetivo. Por meio do cronograma de ação, o gestor poderá monitorar e avaliar, em cada etapa, as estratégicas de comunicação.

O gestor escolar precisa estabelecer uma comunicação institucional de maneira clara e objetiva. A clareza na comunicação começa no conhecimento pleno da informação a ser transmitida. Quando não se domina o assunto a ser transmitido, deixa-se transparecer a falta de conhecimento sobre o tema e a informação é repassada de forma dúbia e obscura. Na comunicação confusa o interlocutor não é atendido, pois não compreende a mensagem.

A comunicação entre escola e famílias deve ser combinada previamente. O uso de ferramentas como o *e-mail*, caso todos os envolvidos possuam fácil acesso à internet, mensagens por SMS ou via aplicativos de mensagens são aceitáveis e podem rapidamente integrar a comunicação. Mas, por vezes, um simples painel de recados na recepção, um aviso bem legível na saída dos alunos ou nos murais localizados em acessos estratégicos na escola, comunicam eficientemente sem necessidade do uso de tecnologias.

A chave do sucesso na comunicação está na maneira clara, direta e objetiva em que ela se dará.

Ter bom humor, entusiasmo e escuta sensível

Tensões provocadas pelas naturais dificuldades de qualquer gestão, em especial nas relações interpessoais, exigem do gestor certas características pessoais. O bom humor é um exemplo delas, porque pode alimentar um ciclo virtuoso nos relacionamentos profissionais e no ambiente de trabalho.

Além do bom humor, um gestor eficiente deve ser proativo. A proatividade está ligada a comportamentos que antecipam encaminhamentos e surpreendem o caminhar procedimental. Dessas e outras condições nascem o entusiasmo.

Líderes entusiasmados aceitam novos desafios, apresentam disponibilidade para execução de tarefas e agem na adversidade com serenidade e otimismo.

O contrário da proatividade é a reatividade. Ela se dá quando o gestor se ocupa em apresentar justificativas para as suas limitações, é incapaz de reconhecer seus erros e transfere para sua equipe os resultados ineficazes de suas ações. Isso cria um clima adverso, dominado por intrigas e ressentimentos.

A proatividade pode ser manifestada por um gestor que desenvolve uma escuta sensível, a capacidade de compreender e identificar as opiniões dos outros, sem julgá-los ou repreendê-los.

A comunicação afetiva com outra pessoa nasce da empatia. Graças a ela, somos impelidos a ajudar, a agir e nos colocarmos no lugar do outro. Ser capaz de se colocar no lugar do outro é indispensável ao gestor.

Gestores bem-humorados, motivadores, com escuta sensível e empatia valorizam as pessoas de sua equipe. Por isso, encaram com entusiasmo os mais duros desafios. Eles podem até rir de seus próprios erros, nunca dos erros dos outros, pois estão dispostos a ouvir, acolher e dar-lhes o valor que é devido.

Estimular a adoção da prática de avaliação institucional

A avaliação institucional é uma prática organizada, formal e sistematizada. Trata-se de um instrumento de melhoria e de qualidade acadêmica da escola. Ela tem como objetivo compreender e avaliar todos os processos escolares.

Gestão da Comunicação e Fortalecimento Institucional

Esse instrumento não é padronizado, ao contrário, deve contemplar as características individuais das instituições. Seus resultados produzem dados capazes de orientar intervenções de aprimoramento em todos os setores.

Caso não haja uma avaliação institucional e um processo posterior de aplicação de seus resultados, os gestores ficam sem parâmetros para refazer os caminhos e procedimentos que demandam correção, aprimoramento ou retomada de rumos.

Os gestores escolares devem preconizar a avaliação institucional para retomar compromissos e objetivos previamente definidos pela comunidade escolar. A avaliação institucional não se dá e não opera por si só, ela está a serviço das diretrizes pedagógicas do PPP.

Informar publicamente os resultados obtidos

Após a análise e o conhecimento dos resultados da avaliação institucional, toda comunidade escolar deve ser comunicada.

Dar retorno à comunidade sobre o desempenho acadêmico da escola é importante, e o retorno deve ser, preferencialmente, por meio de reuniões presenciais. Porém, de modo complementar, os resultados podem ser disponibilizados digitalmente, via *e-mail* ou no *site* da escola. Independentemente da ferramenta escolhida, é essencial criar o hábito de divulgar resultados e mostrar para os responsáveis como está caminhando a escola. Esse procedimento propicia uma relação de confiança e fortalece a imagem da instituição.

É importante destacar que apenas a comunicação dos resultados obtidos não basta. Cabe ao gestor, depois de analisar criteriosamente os resultados, convocar o coletivo para definir as medidas que devem ser tomadas por toda escola pra executar as mudanças necessárias apontadas na avaliação institucional.

Ser coerente

O gestor precisa ser coerente, demonstrando por meio de sua atuação constância de conceitos e de valores, sem rigidez que o impeça de fazer correções quando necessário. Um gestor coerente tem a sua fala respaldada por seus gestos e ações.

Gestores coerentes transparecem seus valores nas relações interpessoais. Eles são leais e dividem com a equipe suas vitórias e êxitos. Mesmo em situações de conflito, são firmes para defender suas convicções e as demonstrar em atitudes e palavras.

A tibieza é o oposto da firmeza. Trata-se de uma condição pessoal que se traduz em insegurança, fragilidade e abatimento. Dela podem surgir gestores autoritários, erráticos e inconstantes, que se tornam fonte de intrigas e que, por isso, normalmente são sabotados por sua equipe. Um gestor demonstra tibieza ao culpar sua equipe pelo fracasso, se eximindo de um erro. Isso destrói laços de confiança e empatia.

Gestão da Comunicação e Fortalecimento Institucional

A incoerência é capaz de demolir a credibilidade de um gestor, denota falta de transparência e é um sinal que há algo nebuloso por trás dos acontecimentos.

Qualquer gestor, em dados momentos, pode se sentir inseguro, porém ele não deve agir com insegurança. Para agir com segurança, o gestor deve refletir para se apropriar com profundidade dos processos, ouvindo especialistas no assunto e se aconselhando com pessoas de confiança.

A coerência nas relações humanas inspira confiança e é sinal de lealdade na relação. Tais gestores transmitem segurança, pois seus atos e deliberações "não surpreendem", já que estão respaldados nos valores da instituição.

Manter-se informado sobre os principais acontecimentos do entorno escolar

As escolas são dinâmicas e se constroem em conexão com relações que se estabelecem dentro e fora dela. Sendo assim, as famílias dos alunos, as lideranças locais e demais membros da comunidade formam com a escola uma complexa rede de relações e interdependências. Dessas relações nasce o sentimento de identidade e o de pertencimento.

Cabe ao gestor tornar a escola um espaço de encontro e convivência das pessoas da comunidade, submetendo esse processo aos alunos, professores e demais profissionais para construir a identidade da escola e o pertencimento de todos.

Gestores escolares bem informados integram mais facilmente a escola a seu entorno. Porém a informação por si só nada vale, esta deve levar ao conhecimento da realidade local, sob risco de isolar a escola do seu entorno, se isso não ocorrer. O sentimento de isolamento da escola do entorno escolar colabora decisivamente para seu descrédito, não identificação e não pertencimento à comunidade.

Manter-se informado sobre acontecimentos da comunidade, conhecê-los e vivenciá-los é indispensável na construção de sua identidade e pertencimento. Se o entorno escolar tem vocação própria, torna-se indispensável a contextualização dessa realidade às múltiplas experiências da comunidade escolar. Da mesma forma, quando há grandes comemorações locais, essa é uma oportunidade de elaborar estratégias para vivenciá-las na escola. Isso não implica que a escola deva ser palco dela, mas sim torná-la próxima de seu projeto pedagógico.

Promover engajamento e envolvimento das famílias na vida escolar dos alunos

Um dos principais desafios dos gestores escolares da atualidade é enfrentar o crescente distanciamento de famílias e escola. Dificilmente os convites enviados às famílias para participação de uma atividade têm adesão da maioria.

A equipe pedagógica deve valorizar e estimular iniciativas que permitam encontros e reuniões na escola com as famílias. Para incentivar a

Gestão da Comunicação e Fortalecimento Institucional

participação é interessante mobilizar os próprios alunos para convidarem suas famílias.

Há atitudes simples capazes de engajar escola e famílias para isso, tais como:

- Oferecer as instalações da escola para atividades comunitárias e eventos comemorativos.
- Elaborar torneios esportivos e gincanas pedagógicas com a participação direta da família.
- Organizar confraternizações de fim de ano ou em comemoração a uma data alusiva a identidade local (dia do padroeiro, festa do leite, festa da uva, feira agropecuária etc).
- Preparar uma exposição para família com os trabalhos feitos pelos alunos nas aulas de artes ou laboratórios de ciências.
- Preparar um sarau musical e/ou literário, no qual pais e alunos vocacionados podem mostrar a vocação artística e musical da comunidade.

Os encontros que integram escola e famílias devem ser agradáveis e produtivos, a ponto de se tornarem uma atividade significativa e que traz resultados. Isso torna o planejamento dos encontros indispensável.

Apesar do desafio, há dicas importantes para a organização dos encontros entre escola e famílias. Eis algumas delas: caprichar no convite; preparar um local acolhedor; oferecer café, água ou se possível um lanche, algo muito simples, mas que permita aproximação e descontração; definir tempo de início e término; e informar no calendário escolar todas as datas de encontros, festividades ou reuniões pedagógicas.

Antes do término dos encontros, deve-se agradecer a presença de todos e destacar os esforços dos responsáveis pela organização do encontro, valorizando outros momentos de convivência para se consolidar o relacionamento entre famílias e escola.

Gestão da Cultura Organizacional e Clima Escolar

Quando há uma liderança e ela é bem exercida, a harmonia vira parte da cultura do lugar e continua mesmo depois de o gestor deixar o cargo.
Brian Perkins

A cultura organizacional da escola se apresenta por meio de seus valores, crenças, regras morais e éticas que orientam os comportamentos do coletivo. Pode ser identificada por meio de:

- Aspectos verbais e conceituais como, por exemplo, o currículo e a história da instituição.
- Linguagens visuais e simbólicas, como por exemplo o lema, o uniforme.
- Manifestações comportamentais, como as cerimônias e celebrações, normas e regulamentos etc.

Já o clima escolar é o que pensa e sente a comunidade escolar sobre a instituição. Clima é, portanto, o conjunto das percepções que as pessoas têm da escola e como estas percepções definem a configuração de seus relacionamentos interpessoais, favorecendo um sentimento de pertencimento a este ambiente social.

As definições de clima escolar e de cultura organizacional, dimensões complementares e correlatas da identidade escolar são fortemente influenciadas pelo tipo de atuação do gestor, uma vez que tudo o que ele realiza ou não interfere na forma de ser e de se perceber a escola.

Dessa forma, é imperativo que o gestor compreenda como realmente se manifestam o clima e a cultura organizacional de modo a realizar um bom trabalho como um todo. Adiante, atitudes que o gestor escolar precisa apresentar.

Ter atuação ética e confiável

O gestor precisa desenvolver qualidades comportamentais indispensáveis para a implementação de um clima escolar adequado. Para que isso se estabeleça é relevante que a comunicação das informações ocorra de forma clara e transparente.

Uma gestão transparente faz com que o diretor conquiste a confiança do coletivo, o que é imprescindível para que haja respeito e legitimidade de sua autoridade.

É preciso assegurar a integridade e a confiabilidade das informações recebidas e transmitidas, pois a confiabilidade da informação está fortemente atrelada à percepção que se tem quanto à legitimidade da fonte que a produz. Nessa direção, o gestor nunca pode transmitir informações falsas ou atuar por princípios baseados em subsídios inverossímeis. Não há nada pior para o clima escolar do que um gestor fofoqueiro que atua por meio de conversas de corredor, mensagens secretas e "panelinhas".

Ética é uma palavra de origem grega, que significa: "costume superior", "bom costume" e aquilo que "pertence ao caráter". O gestor deve demonstrar atitudes que sirvam como modelo a todos os colaboradores e atuar de forma a refrear todos os comportamentos que estejam fora dos padrões aceitáveis das relações humanas, pois todos aqueles que fazem a escola precisam deixar transparecer os valores éticos dela.

A honestidade é um valor indispensável para os gestores. O coletivo escolar precisa sentir que não é enganado ou iludido pelo gestor, pois ele trata a todos de modo igual e justo e, sobretudo, tem grande respeito às diferenças para que todos sejam respeitados como merecem.

Cultivar valores fundamentados na formação humana e social

A escola é constituída por pessoas de múltiplas histórias, saberes, motivações e valores, portanto, não é um universo idealizado, mas, em sua concretude, existe como resultado, entre outras coisas, do encontro entre necessidades sociais e interesses pessoais, entre pendências profissionais e demandas internas de seus interlocutores.

É preciso que o gestor invista e trabalhe para que seus colaboradores desenvolvam a consciência daquilo que valoriza. Valores como autonomia, solidariedade, cooperação, responsabilidade, resiliência, sensibilidade, tolerância, paciência e respeito são suportes para que se possa dialogar, intervir e solucionar os conflitos nas situações diversas que se apresentam no cotidiano.

Na concretude cotidiana, deve-se preconizar uma atuação que busque fazer diminuir o espaço das contradições, propondo, apesar de suas limitações, a construção da escola como *locus* de uma educação de valores do ponto de vista de suas potencialidades.

A vivência e a transmissão de valores deve ser materializada por meio do trabalho formal e informal da gestão para que o coletivo seja capaz de objetivar seu bem-estar e o bem-estar do grupo, tenha saúde mental e exerça seu papel educador.

Elaborar um organograma

Via de regra, o clima escolar é mais agradável quando as decisões coletivas são otimizadas e as atribuições de cada profissional são visivelmente determinadas, já que a definição das competências é fundamental para a realização do trabalho compartilhado.

A organização de um organograma, no qual são estabelecidas as competências da equipe gestora e dos demais membros da escola, é dever do gestor. Porém, sabendo que as escolas não operam por meio de um modelo endurecido de estrutura organizacional, com demarcação rigorosa de cargos e funções, direção centralizada e planejamento com pouca participação das pessoas, o organograma escolar deve refletir e apontar relações de trabalho em que os profissionais envolvidos atuem em conjunto, na perspectiva de suas próprias responsabilidades.

Diretores, vice-diretores, coordenadores pedagógicos, orientadores educacionais e professores devem trabalhar coletivamente para garantir a principal função social da escola.

O gestor que tem a função de diretor desempenha várias funções, mas sua principal atribuição é ser um líder inspirador que mobiliza a equipe para que o PPP seja cotidianamente implementado.

O vice-diretor é responsável por auxiliar o diretor em suas atribuições, assumindo a função de diretor quando esse estiver ausente.

O coordenador pedagógico é o responsável pela gestão da aprendizagem dos alunos e da formação continuada de professores.

Já o orientador educacional, procurando compreender o comportamento dos alunos em uma perspectiva mais ampla, é o principal articulador entre alunos, professores e pais para proporcionar o bom desenvolvimento de todos. Por fim, os professores desempenham seu trabalho diretamente com os alunos e estão focados no currículo disciplinar e na gestão da sala de aula.

O objetivo do organograma é definir e estimular a efetiva participação de todos, fortalecendo, assim, a gestão participativa, para que, juntos, escola e comunidade construam uma unidade educacional ética e solidária e, acima de tudo, tenham uma verdadeira cultura educativa.

Ter carisma e exercer influência

O carisma do gestor se manifesta por intermédio de suas palavras e atitudes. Um gestor carismático sabe como motivar uma equipe, contagiando o coletivo.

Um gestor que tem carisma sabe ouvir com atenção e respeita o espaço e o tempo dos outros.

Saber criar consenso é uma característica de quem tem carisma, para tal deve-se apresentar um propósito claro e envolvente, para que as pessoas possam integrar e apoiar as sugestões do gestor.

Os gestores carismáticos são capazes de contagiar porque comunicam suas intenções com entusiasmo, demonstrando-se dignos de confiança e exemplos a serem seguidos. Uma gestão carismática deve ser presença marcante nos momentos difíceis e discreta durante a execução de tarefas delegadas.

Por fim, um gestor carismático, usa seu carisma em favor da solução de problemas para o fortalecimento do coletivo de forma justa e ética.

Conhecer mitos e crenças

As mudanças necessárias na escola somente são efetivadas na medida em que se confere mudanças na sua cultura. É preciso descortinar, à luz da reflexão racional, as crenças e valores culturais da escola para se compreender o motivo de certas resistências.

Mitos e crenças fazem parte da cultura da escola e podem interferir nos fazeres escolares e consequentemente, na busca de suas metas.

Como diz Lück:

> [...] conhecer a cultura organizacional da escola representa, pois, um processo de desvelamento de camadas submersas, o que é possível na medida em que sejam capazes de, dentre outros aspectos, assumir um olhar inquisitivo sobre os comportamentos, ações e reações expressos na escola, suspendendo qualquer julgamento prévio; agir com muita perspicácia, olhar clínico e sensível que procura ver o significado mais profundo daquilo que está aparente, e aquilo que fica além do aparente; identificar suas ramificações internas; compreender os significados de todos esses aspectos observados (LÜCK, 2010, p. 58).

Dentre outros, apresentamos alguns mitos e crenças que podem atrapalhar e imobilizar o coletivo:

- **"Só alguns alunos são capazes de aprender."** É um mito porque a escola é uma instituição de aprendizagens, cabe a ela proporcionar as oportunidades necessárias para que cada um aprenda do seu modo e no seu tempo.
- **"Escola ensina e família educa."** É um mito porque ensinar e educar são dois aspectos inter-relacionados das aprendizagens. Quando se ensina, está se educando. E quando se educa, está se ensinando.
- **"Turmas homogêneas aprendem melhor."** É um mito porque aprendemos com os diferentes, com aqueles que questionam as nossas hipóteses e não com quem reafirma o que já pensamos.
- **"Meninas são melhores em linguagens e meninos em exatas."** É um mito porque aprender independe do sexo, é uma questão de igualdade de oportunidades.
- **"Trabalhos em grupo são um fator de bagunça em sala de aula."** É um mito porque quando a metodologia do trabalho em grupo é adequada e os alunos são supervisionados há maior engajamento, muita participação e pouca dispersão.

Investir em estrutura física e em inovações tecnológicas

É importante separar investimentos para as reformas e ampliações necessárias no prédio escolar, afinal, manter uma escola bem equipada influencia no processo de aprendizagens e deixa o clima escolar mais favorável.

A infraestrutura escolar tem papel essencial na formação dos alunos e garante conforto e bem-estar não apenas aos alunos, mas também para os professores e a toda comunidade escolar.

Uma estrutura escolar bem planejada está relacionada com as necessidades dos processos de ensino e aprendizagem e com os interesses dos alunos e professores. Pensar em ampliar espaços formativos como sala de arte, sala de multimídia, laboratórios, biblioteca, brinquedoteca e quadras esportivas é fundamental, afinal uma escola não pode ser feita apenas com salas de aula. A ampliação da escola com alguns destes equipamentos pode ajudar a reduzir a defasagem acadêmica.

Com relação à implementação de tecnologias, o primeiro passo a ser dado pelo gestor é garantir o acesso para que a comunidade educativa possa estar plenamente conectada.

Em segundo lugar, é preciso investir em conexões mais rápidas e em novos programas. Contudo, é preciso ter cuidado de não cair no encantamento dos modismos "pseudo-inovadores", muito presentes no universo da cultura digital.

Posteriormente, é mandatório focar na capacitação dos saberes técnicos e, por fim, é necessário ter clareza que as tecnologias devem ser "transparentes" em relação aos aspectos pedagógicos.

As tecnologias têm de estar à serviço da didática, das metodologias de ensino e de aprendizagem, dos instrumentos de avaliação e das atividades pedagógicas, pois na escola é a pedagogia que tem lugar privilegiado, a tecnologia deve apenas ser auxiliar para que os procedimentos educativos tenham êxito.

Manter a escola limpa e organizada

Em uma escola limpa, bonita e harmoniosa, os alunos e professores sentem-se valorizados e um bom clima escolar é potencializado. A organização do ambiente escolar, tornando-o limpo, acolhedor, agradável e belo é responsabilidade do gestor.

As salas de aula devem ser limpas a cada turno e os ambientes de grande movimentação como pátios e corredores devem ser higienizados após os intervalos e recreio. Os locais onde são realizadas as refeições devem ter a limpeza como sua principal prioridade. Estabelecer um refeitório limpo e acolhedor, onde se pode comer com tranquilidade, traduz o caráter educativo do ambiente escolar.

O gestor, ainda, pode optar pela instalação de lixeiras para coleta seletiva, na perspectiva da educação ambiental. Os resultados são otimizados quando se realiza um projeto educativo sobre o lixo seletivo.

Porém, apesar da responsabilidade do gestor, a limpeza e a ordem do ambiente escolar devem envolver todos. Por meio de projetos, a comunidade educativa pode pensar e aprender sobre a importância do ambiente limpo e organizado para melhores situações de aprendizagem. Conscientizar o coletivo sobre sua responsabilidade na conservação da escola é um trabalho para o desenvolvimento de atitudes cidadãs.

Manter o ambiente escolar bonito e organizado confere respeito para com a escola, tornando-a convidativa e agradável a todos que o frequentam.

Conclusão

Gostaríamos que este livro fosse interpretado como "dicas de uma boa prosa", como se o leitor estivesse conversando conosco em um bate-papo despretensioso, porém inspirador, para pensar um pouco nos tantos e diversos afazeres do gestor escolar.

Esperamos, na verdade, apresentar algumas poucas informações, com base nas nossas experiências sobre o que é essencial e realmente viável no cotidiano daqueles que fazem a gestão escolar.

Assim, os pressupostos presentes nesta obra foram redigidos em função da nossa aproximação, experiências e realidades observadas no meio educacional com o objetivo de propor alternativas na perspectiva do simples, porém efetivo.

Acreditamos que os saberes de tantos gestores, a partir da leitura deste livro, possam ganhar novos temperos para que sejam saboreados e compartilhados na reflexão coletiva.

Dessa forma, sem a pretensão de ensinar como deve atuar um gestor, um tema tão complexo e relevante, esperamos poder conseguir promover pequenas reflexões sobre os desafios da gestão escolar em torno de um objetivo comum: a educação de qualidade para todos.

Encerramos esta pequena obra com a certeza irrestrita de que ela está inacabada. Por isso, convidamos o leitor a completá-la com seus pareceres, opiniões, discordâncias e exemplos concretos.

Aceita o convite? Então, mãos à obra.

Bibliografia

DE ROSSI, Vera Lúcia. *Gestão do projeto político pedagógico: entre corações e mentes*. São Paulo: Moderna, 2006. (Coleção Cotidiano Escolar).

FUSARI, José Cerchi. A construção da proposta educacional e do trabalho coletivo na unidade escolar. In: BORGES, Abel S. et al. (Org.). *A autonomia e a qualidade do ensino na escola pública*. São Paulo: FDE, 1995. (Série Ideias, 16) Edição especial.

LÜCK, Heloísa. *Dimensões de gestão escolar e suas competências*. Curitiba: Editora Positivo, 2009.

_____. *Liderança em gestão escolar*. 4ª ed. Rio de Janeiro: Vozes, 2010a.

_____. *Gestão da cultura e do clima organizacional da escola*. Petrópolis: Vozes, 2010b.

NÓVOA, Antonio. *Os professores e a sua formação*. 2ª ed. Lisboa: Publicações Dom Quixote Ltda., 1995.

PERFEITO, Cátia Deniana Firmino. *Planejamento estratégico como instrumento de gestão escolar*. Educ. Bras., Brasília, v. 29, n. 58-59, p. 49-61, jan./dez. 2007.

PERRENOUD P. *Ensinar: Agir na urgência, decidir na incerteza. Saberes e compêtencias em uma profissão complexa.* Porto Alegre: Artmed Editora, 2001.

SOUSA, S. Z. L. Avaliação Escolar: constatações e perspectivas. *Revista de Educação AEC*, Brasília-DF, ano 24, n. 94, jan./mar. 1995.

TABA, Hilda. *Curriculum development: theory and practice.* Nova York: Harcourt, Brace & World, 1992.

TACHIZAWA, Takeshy; REZENDE, Wilson. *Estratégia empresarial: tendências e desafios: um enfoque na realidade brasileira.* São Paulo: Makron Books, 2000.

WEISS, Donald. *Como resolver (ou evitar) conflitos no trabalho.* São Paulo: Nobel, 1994.

Conheça outros títulos da série

ARCO 3

METODOLOGIAS ATIVAS de Bolso

Como os alunos podem aprender de forma ativa, simplificada e profunda

José Moran

Editora do Brasil

Central de Atendimento
email: atendimento@editoradobrasil.com.br
Telefonde: 0300 770 1055

Redes Sociais
facebook.com/EditoraDoBrasil
youtube.com/EditoraDoBrasil
instagram.com/editoradobrasil_oficial
twitter.com/editoradobrasil

www.editoradobrasil.com.br